I0817421

LA GENTE DE MI VECINDARIO

EL BIBLIOTECARIO

Jared Siemens

LIGHTBOX
openlightbox.com

LIGHTBOX

Entre a **www.openlightbox.com** e ingrese el código único de este libro.

CÓDIGO DE ACCESO

LBS58348

Lightbox es una completa solución digital para enseñar y aprender temas curriculares de una manera original e innovadora. Lightbox se basa en las Normas Curriculares Nacionales.

OPTIMIZADO PARA

- ✓ TABLETAS
- ✓ PIZARRAS ELECTRÓNICAS
- ✓ COMPUTADORAS
- ✓ ¡Y MUCHO MÁS!

CARACTERÍSTICAS ESTÁNDAR DE LIGHTBOX

 **AUDIO** Narraciones de alta calidad con sistema de texto a voz

 **VIDEOS** Videoclips de alta definición incorporados

 **ACTIVIDADES** PDFs imprimibles que pueden enviarse por correo electrónico y calificarse

 **ENLACES WEB** Enlaces cuidadosamente seleccionados con recursos seguros para niños

 **PRESENTACIÓN EN DIAPOSITIVAS** Ilustraciones gráficas de los conceptos clave

 **MAPAS INTERACTIVOS** Mapas interactivos e imágenes satelitales aéreas

CUESTIONARIOS Diez preguntas de elección multiple con puntaje automático que se envían por correo electrónico al docente para su evaluación

 **PALABRAS CLAVE** Combinación de los conceptos clave con sus definiciones

VIDEOS

ENLACES WEB

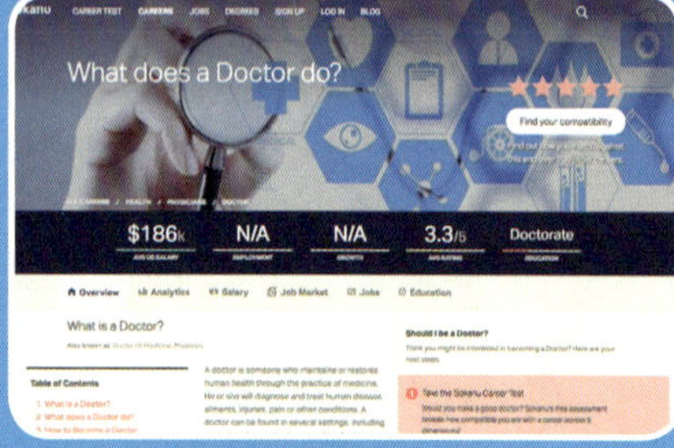

PRESENTACIÓN EN DIAPOSITIVAS

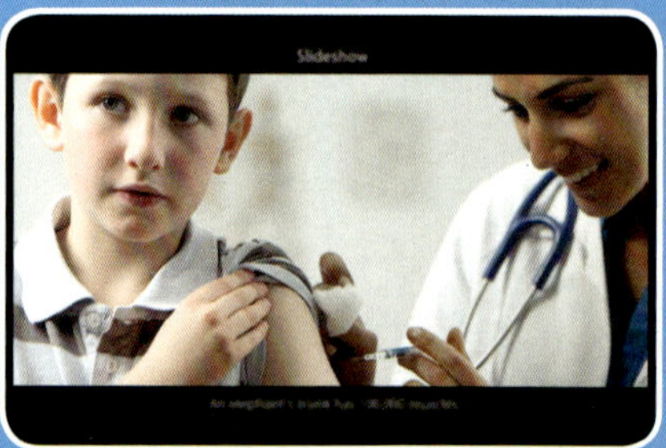

CUESTIONARIOS

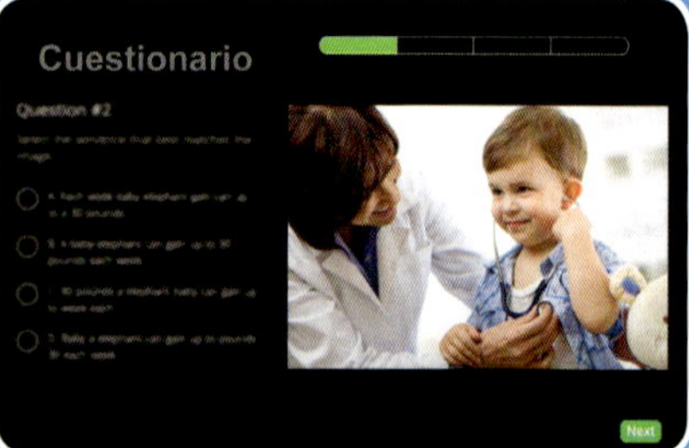

LA GENTE DE MI VECINDARIO

EL BIBLIOTECARIO

CONTENIDOS

En mi vecindario, hay muchas personas diferentes.

Una de esas personas
es el bibliotecario.

La bibliotecaria trabaja en una biblioteca.

La **Biblioteca del Congreso**, en Washington, D.C., tiene más de **800 millas** de estantes con libros.

Una biblioteca es un lugar donde se guardan libros y otros tipos de documentos gráficos y audiovisuales.

La bibliotecaria cuida de la biblioteca y de todo lo que hay en ella.

Ayuda a que la biblioteca sea útil para los que la visitan.

El bibliotecario me ayuda a encontrar lo que estoy buscando.

Una persona promedio retira unos **siete** libros **por año** de la biblioteca.

Escanea mi tarjeta de la biblioteca para que pueda tomar libros prestados.

Las computadoras son herramientas importantes para los bibliotecarios.

En los **Estados Unidos**, hay más de **16.000** bibliotecas públicas.

Los bibliotecarios usan computadoras para buscar información sobre diferentes temas.

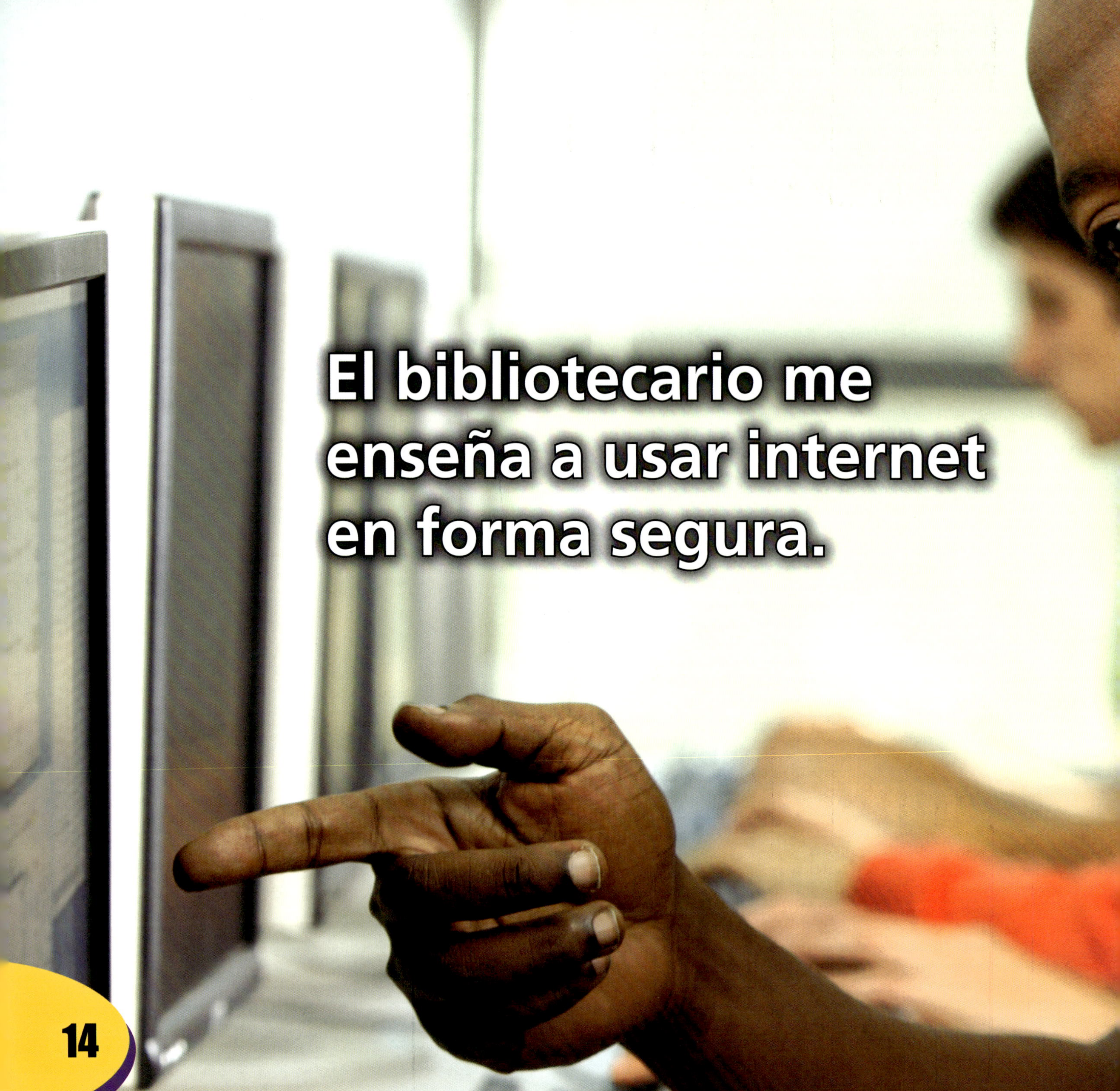

El bibliotecario me enseña a usar internet en forma segura.

Ayuda a mis padres y maestros a encontrar nuevas herramientas de aprendizaje.

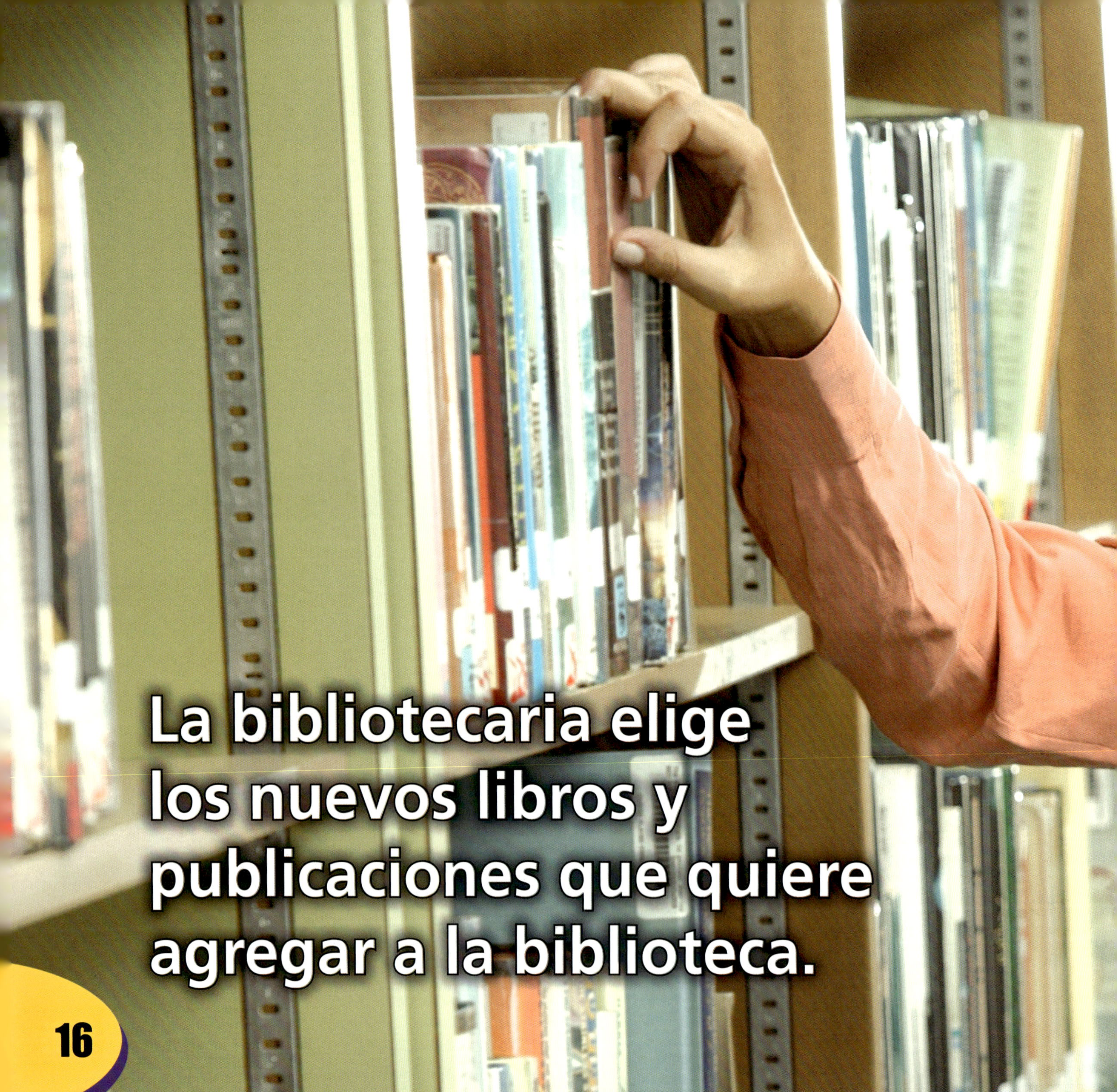

La bibliotecaria elige los nuevos libros y publicaciones que quiere agregar a la biblioteca.

Los ordena por grupos para que sea más fácil encontrarlos.

La bibliotecaria lee libros en voz alta en la hora de los cuentos.

Cuando lee, hace que las palabras cobren vida.

Los bibliotecarios son personas muy importantes en mi vecindario.

En los **Estados Unidos**, hay más de **200.000** bibliotecarios.

Veamos lo que has aprendido sobre el bibliotecario.

Describe lo que ves en cada imagen.

Published by Smartbook Media Inc.
350 5th Avenue, 59th Floor New York, NY 10118
Website: www.openlightbox.com

Library of Congress Control Number: 2017961970

ISBN 978-1-5105-3412-4 (hardcover)
ISBN 978-1-5105-3413-1 (multi-user eBook)

Printed in the United States of America in Brainerd, Minnesota
1 2 3 4 5 6 7 8 9 0 22 21 20 19 18

012018
011518

Spanish Project coordinator: Sara Cucini
Spanish Editor: Translation Services USA
English Project coordinator: Jared Siemens
Designer: Nick Newton

Every reasonable effort has been made to trace ownership and to obtain permission to reprint copyright material. The publisher would be pleased to have any errors or omissions brought to its attention so that they may be corrected in subsequent printings.

The publisher acknowledges Alamy, Getty Images, iStock, and Shutterstock as its primary image suppliers for this title.